T0099597

SCULPTED STONES

PIEDRAS LABRADAS

by
VICTOR MONTEJO

Translated by Victor Perera

CURBSTONE PRESS

Printed in the U.S. on acid-free paper by BookCrafters
Cover design: Stephanie Church

Curbstone Press is a 501(c)(3) nonprofit publishing house whose operations are supported in part by private donations and by grants from ADCO Foundation, J. Walton Bissell Foundation, Inc., Witter Bynner Foundation for Poetry, Inc., Connecticut Commission on the Arts, Connecticut Arts Endowment Fund, The Ford Foundation, The Greater Hartford Arts Council, Lannan Foundation, LEF Foundation, Lila Wallace-Reader's Digest Literary Publishers Marketing Development Program, administered by the Council of Literary Magazines and Presses, The Andrew W. Mellon Foundation, National Endowment for the Arts-Literature, National Endowment for the Arts International Projects Initiative and The Plumsock Fund.

The publishers wish to thank Jack Hirschman and María Proser for their valuable critical and editorial input.

Library of Congress Cataloging-in-Publication Data

Montejo, Victor, 1952-
    Sculpted Stones = Piedras labradas / by Victor Montejo :
translated by Victor Perera. — 1st ed.
        p.   cm.
    ISBN 1-880684-14-4
    1. Montejo, Victor, 1952-   —Translations into English.
I. Perera, Victor, 1934-   II. Title.
PQ7499.2.M66A26   1995
861—dc20   95-33390

published by
CURBSTONE PRESS   321 Jackson Street   Willimantic, CT 06226

CONTENTS

PART ONE: 1982-1986

Interrogatorio de los ancestros   8
Interrogation by Ancestors   9

Las cinco direcciones   20
The Five Directions   21

Relámpagos y truenos   24
Thunder and Lightning   25

La fiesta del agua   30
The Water Feast   31

Piedras labradas   34
Sculpted Stones   35

La naciente aurora   36
The Rising Dawn   37

Recordatorio   42
Remembrance   43

Los Mayas se van   44
The Maya Depart   45

Chinchintor   48
Chinchintor   49

La fuente seca   52
The Dry Spring   53

Curando el susto   54
Curing a Fright   55

El armadillo   56
The Armadillo   57

El meteoro   58
The Shooting Stars   59

Brujos dormilones   *62*
Useless Brujos   *63*

Capturado   *66*
Captive   *67*

Presagio   *68*
Vision   *69*

El perro   *70*
The Dog   *71*

Llantos de una madre   *72*
A Mother's Weeping   *73*

Hablar de libertad   *74*
To Speak of Liberty   *75*

PART TWO: 1986-1992

Guatemala   *78*
Guatemala   *79*

Mi ombligo   *88*
Umbilical   *89*

Golondrinas   *90*
Swallows   *91*

Invierno en Lewisburg   *94*
Winter in Lewisburg   *95*

Cuando yo me muera   *98*
When I Die   *99*

Todo pasará   *102*
Everything Will Pass   *103*

Rascacielos   *104*
Skyscrapers   *105*

PRIMERA PARTE
PART ONE

1982-1986

INTERROGATORIO DE LOS ANCESTROS

Como me duele el silencio
de mis ancestros
que se han ido callando
poco a poco
y perdiéndose sus huellas
como el viento
lejano de las estrellas
incomprensibles.

Sus voces se van apagado
como el fuego
que se esconde de noche
pero que luego
se apaga con la lluvia;
y así sus pasos
se han ido casi borrando
como obscuras
páginas de viejos códices.

Nosotros los descendientes,
siempre dormidos,
nos han engañado tanto
los extranjeros
que se han especializado
en hacer mezclas
y confundir con asombro
nuestras historias.

Y no podemos reírnos,
ni conformarnos
porque es a nosotros,
los indígenas
a quienes ellos desfiguran
porque, fíjense:
¿cuál será nuestra respuesta
a los ancestros

INTERROGATION BY ANCESTORS

How it pains me,
the silence of my ancestors,
who little by little
were stilled,
their traces disappearing
like the distant wind
of the unknowable
stars.

Their voices extinguished
as the fire
hidden by night
only to be
put out
by the rains
and their steps
almost erased like obscure
pages of ancient codices.

We, their descendants,
sleepwalkers,
have been duped
so many times
by foreigners
who've specialized
in confounding
unbelievably
and jumbling up our histories.

We can neither take it lightly
nor accept it
because we,
the native peoples,
are the ones they disfigure.
Just think:
what can we say
to the ancients

cuando con rayos y truenos
vengan de nuevo
a preguntar por el fuego
que nos dejaron
en el cono del gran volcán?

Y dirán ellos:
"Que vengan los hijos todos
trayendo el libro sagrado
que les hemos encargado
cuidar e interpretar."

"¡Oh padres!", responderemos
"los libros sagrados
quemados han sido todos
cuando los 'Kaxhlanes, los Wes' [1]
que vinieron de oriente
cruzando el mar,
nos despojaron de nuestras riquezas,
y nuestros libros entonces
quemados fueron
por esos frailes malditos
también ladrones
como los conquistadores."

Y responderán:
"Tristes hijos dormilones,
nuestra deshonra.
¿Acaso no aprendieron
como jaguares,
vencer la negra noche
incendiando juntos
sus manojos de ocotes?" [2]
"Lo intentamos
¡oh sabios y grandes padres!
pero traidores
como siempre no faltaron."

[1] Wes, ladinos o no Mayas.
[2] Ocote, especie de pino resinoso para tea.

10

when they return
with thunder and lightning
and ask about the fire
they left with us
in the cone of the great volcano?

They'll say:
"May all our children gather,
bringing the sacred book
we've charged you
to care for, and interpret."

"Oh fathers!" we'll reply,
"the sacred books
were all burned
when the *Kaxhlanes, the Wes*[1]
came from the East
crossing the sea
to plunder our riches.
Our books then were burned
by the damned friars
who robbed us blind
just like the conquistadors."

And they'll say:
"Sad, sleepwalking children,
our dishonor,
didn't we teach you
to conquer the darkest
of nights like jaguars
by lighting together
your bundles of torchpine?"
"We tried,
O great and wise fathers!
But as always
we were betrayed."

---

[1] Ladinos or non-Maya

"Tristes hijos humillados
y abandonados.
¿Por qué no han repetido
nuestra historia
y la rueda de katunes
grabada en las estelas
frente a los templos?"
"¡Oh sabios y grandes padres!
nuestras estelas
también fueron removidas
de sus lugares
y se han dispersado
en los grandes museos
del mundo."

"Tristes hijos dormilones,
los engañados.
¿Por qué han dado en subasta
nuestros conocimientos,
las ciencias escritas
en esas piedras indescifrables
a los ojos extranjeros?"
"¡Oh sabios y grandes padres!
nuestras estelas
fueron robadas del suelo
y no vendidas.
Otra vez esos ladrones..."

"Tristes hijos, dormilones
los desposeídos.
¿Qué se han hecho los libros
del culto anual
con los símbolos pintados
que a todas horas
interpretaban los Ah Be'?"[1]

---

[1] Ah Be', personaje que interpretaba las sabidurías de los libros y calendarios Mayas, "El guiador de Caminos".

"Sad, humiliated,
and abandoned children,
why haven't you studied
the lessons we chiseled
on the stelae,
and on the wheels of katuns[1]
in front of our temples?"
"Oh great and wise fathers!
Our stelae
were also taken
from their sites
and dispersed throughout
the great museums
of the world."

"Sad, sleepwalking, duped
children,
why have you ignored our truths
inscribed on those stones
indecipherable to foreign eyes?"
"Oh great and wise fathers!
our stelae were not sold
but were stolen from their sites.
Those thieves again..."

"Sad, sleepwalking, dispossessed
children,
what's happened to the books
of the annual cycles
with the painted symbols
interpreted day and night
by the Ah Be?"[2]

[1] Mayan time units
[2] Mayan priests and diviners

"¡Oh sabios y grandes padres!
los extranjeros
también se llevaron esos
códices nuestros,
allá, al otro lado del mar."

Y dirán ellos:
"Tristes hijos quejumbrosos
y abofeteados.
¿por que los libros sagrados
en otras manos están como adornos?
Acaso pretenden leer su contenido
e interpretar
nuestros mensajes ocultos?"
"¡Oh sabios y grandes padres!
nadie hoy puede
como ustedes, leerlos.
Se han ido desvaneciendo
poco a poco
las sabidurías del pasado."

"Y ustedes hijos nuestros,
¿Pueden arrancar
las cíclicas enseñanzas
que se esconden
en nuestros jeroglíficos?"
"¡Tampoco, padres!
nuestros pueblos han sido silenciados
y además,
vivimos muy distanciados
de aquellos centros
donde un día, ustedes
con maravilla
alzaron los muros
de nuestros grandes templos
y ciudades."

"O great and wise fathers!
the foreigners
took them as well,
those codices of ours,
and carried them across the sea."

And they will say:
"Sad, plaintive, and buffeted
children,
why are the sacred books
in the hands of foreigners
like trinkets?
Do they presume to read
and interpret
our ancient wisdom?"
"Oh great and wise fathers!
no one today
can read them as you did.
The wisdoms of the past
have been vanishing
little by little."

"And you our children,
can you uncover
the cyclic teachings
that lie hidden
in our hieroglyphs?"
"No, we can't, O great ones!
Our villages have been silenced,
and we live too far
from those centers
where once, centuries ago
with a marvel
you erected the great walls
of our temples
and our cities."

"¿Y quienes, entonces, pueden
leer los signos
y los caminos brillantes
de los luceros
y del 'Camino del Frío'
que serpentea
en el azuloso cielo?"
"¡Oh sabios y grandes padres!
algunos Mayanistas[1]
dicen que tienen la clave
para leerlos;
y que sólo ellos creen
poder interpretar
los misterios escondidos."

Y se reirán
a carcajadas los ancestros
cuando escuchen
a sus hijos lamentarse,
pues tomará mucho tiempo leer
y no sólo imaginar
las historias escritas
en las piedras labradas.

Entonces, los ancestros
volverán a llamar a sus hijos
y les dirán con orgullo.
"Tristes hijos humillados
y despojados,
ustedes deben avivar
con muchos leños
la pequeña llama sola
que aún brilla
en el copal oloroso
del incensario
que aún se nos ofrece

[1] Mayanistas, personas especializadas en el estudio de los Mayas.

"Then who can read the signs
and the shining roads
of the stars
and the 'Glacial Way'
that wind like serpents
across the blue sky?"
"Oh great and wise fathers!
Some Mayanists say
they have the keys
to read them
and that only they
can interpret
their hidden mysteries."

And our ancestors
will burst out laughing
when they hear
this lamentation of their children,
because it will take a long time to read
and not just imagine
the stories written on those stones.

Then our brave ancestors
will again call their children
and proudly tell them:
"Sad, humiliated,
plundered children,
you should revive now
with abundant kindling
the single tiny coal
still glowing
in the scented copal
of the incense burner
that still is offered us

en el corazón
del cerro, junto al mar.

Serán ustedes
otra vez nuestros vasallos,
los hijos preclaros
que en los katunes venideros
no volverán a ser humillados.
Pero, aún les queda
la negra noche por vencer.

Enciendan, pues, sus ocotes
todos juntos, los pueblos,
y que sus pasos al unísono
rompan hoy,
el sello del futuro."

in the heart
of the hill by the sea.

"Once again
you'll be our subjects,
our visionary children
who in future katunes
will no longer be humiliated.
But you still have
the dark night to conquer,
Light, then, your torches,
all together, the people,
so that your steps in unison
break today
the seal to the future."

LAS CINCO DIRECCIONES

Cantarán los gallos sonoramente
cuando la alborada se asome
por el oriente del país.
Allí se levantará el sol sonriente
con el bullicio de las aves canoras
y habrán destellos luminosos
en el cono de los volcanes lejanos.

Caminará el sol, lentamente,
de oriente a occidente
y alumbrará de igual forma
de norte a sur
aunque con más claridad en el centro
que es el ombligo del mundo.[1]

Estas son las cinco direcciones
según los astrónomos mayas:
El rojo amanecer del día (oriente),
el negro atardecer agónico (occidente),
el blanco del norte friolento
el poder amarillo en el sur
y en el centro del mundo
el verdeazul intenso
del trópico.

Hermoso, es, ver el mundo
con sus cinco direcciones
a través del prisma Maya.
¿Aprenderán ésto los occidentales
que ven el mundo sólo en blanco y negro:
Oriente y Occidente?
¿Qué le importan a las aves
de melodioso canto
las carreras armamentistas
entre Oriente y Occidente?

[1] Ombligo del mundo, nombre que los Mayas daban a su territorio. (Centro del Mundo).

THE FIVE DIRECTIONS

Cocks will crow loudly
when dawn appears
in the East of our country.
The smiling sun will climb
with the bustle of melodious birds
and light will flash
in the cones of distant volcanoes.

The sun will travel slowly
from east to west
and likewise shine
from north to south,
though it will be clearest
in the center,
The navel of the world.

These are the five directions
according to Mayan astronomers:
The red dawn of day (East).
The dying black of evening (West).
The white of the chilly North.
The yellow power of the South;
and in the center of the world
the intense blue-green
of the tropics.

How beautiful to see the world
through the Maya prism
with its five cardinal directions.
Can this be learned by Westerners
who see just two directions:
East and West?
What do the birds,
wrapped in their melodious song,
know about the arms race
between East and West?

¿Qué saben los venados saltadores,
símbolos de la buena suerte,
de los odios diplomáticos
entre Oriente y Occidente?
¿Qué saben los niños recién nacidos
de los misiles y artefactos nucleares;
el Star War criminal
entre Oriente y Occidente?

Yo creo en el ave luz
en el centro de América
que saluda el bello amanecer del día
en el oriente
y que sabe despedir la tarde obscura
del occidente.

Creo en el ave luz del trópico
que sigue su puente migratorio
de norte a sur,
y luego, de sur a norte
cuando llega el frío
dando dentelladas
con sus helados colmillos blancos.

Creo hoy, más que nunca,
en los cinco colores sagrados
que rigen las direcciones del mundo
como lo creyeron los antiguos Mayas.
Cuando aprendamos, así, a ver el mundo
como seres humanos y hermanos;
descubriremos que la vida es muy bella
como una flor abierta
que no retoñará dos veces.

What do the leaping deer,
symbols of good luck,
know about diplomatic hatreds
between East and West?
What do new-born children know
about missiles and nuclear warheads
about the criminal Star Wars
between East and West?

I believe in the avian light
in the center of America
that greets the lovely dawning of day
in the East
and knows how to say good-bye
to the dark evening
of the West.

I believe in the avian light of the tropics
that pursues its fugitive arc
from North to South
and South to North
when the cold comes
making bite-marks
with its cold white fangs.

More than ever I believe
as the ancient Maya believed
in the five sacred colors
that rule the world's directions.
When we learn to see the world
like human beings,
we'll see that life is very beautiful,
an unfolded flower
that won't bloom twice.

RELÁMPAGOS Y TRUENOS

Hay un punto de luz sobre el mar,
un pequeño punto como fuego
que reververella, y que luego
va creciendo como un colibrí
que sacude sus pequeñas alas
agitando diversos colores
que chisporrotean luminosos
incendiando cúmulos dormidos
con rojos de achiote[1] y carmín.

La pequeña luz se agiganta,
ahora sus fuertes destellos
revientan como pequeños soles
que dispersan sus flechas candentes
en relámpagos que enceguecen.
Allí, el colibrí verde agua
agita en son interminable
sus tibias y florecientes alas
de donde nacen los relámpagos.

Ahora el colibrí se transforma
en un pájaro grande *Kayumpah*,[2]
hay repentinos fuegos y luces
sobre las aguas turbias del mar
y fuertes rayos en las montañas.
Un árbol viejo cae quemado
nido ha de ser de malas víboras;
tempestad y lluvias, uno sólo
enterrando mierdas en el valle.

Buitres tontos e indecisos
se escapan de sus viejos nidos
pero el torrencial aguacero

[1] Arbusto bixáceo cuyo fruto rojo purpureo se usa para colorantes y condimento de cocina.
[2] El Pájaro mítico del trueno. (mitología Maya).

THUNDER AND LIGHTNING

There's a point of light above the sea,
a tiny point like fire
which shimmers and then,
growing like a hummingbird
beating its tiny wings,
whirling an array of colors
that sparkles luminously,
igniting sleeping cumuli
with the reds of achiote and carmine.

The tiny light swells gigantically
and now its rapid flashes
explode like small suns
scattering their white-hot arrows
in blinding lightning bolts.
The blue-green hummingbird
beats the water with its florescent wings
in rapid rhythm
giving birth to lightning.

Now the hummingbird becomes
a large *Kayumpa*;[1]
sudden lights and fires
flare across the opaque waters of the sea
and lightning flashes in the mountains.
An old tree falls burning,
it may have been a nest of vipers,
thunder and rain,
burying rubbish in the valley.

Dumb, hesitant vultures
flee their old nests
but the torrential, unrelenting,

[1] The Mayan Thunderbird.

es constante y remoja entero
al burro y al coche de monte.[1]
Caen filosas balas del cielo
que son cuchillos de obsidiana
que partirán en dos a los simios
que aprendieron el valor del oro

El pájaro del trueno estalla
con su lengua de fuego ardiente;
y dicen los antiguos códices
que le gritemos a nuestros padres
cuando el trueno y el relámpago
nos deje sordomudos y ciegos.
Ellos no son gorilas de baile
como los que alcanzan galones.
¡No, éllos son padres verdaderos!

Y miremos el fuego otra vez
allá en el negro horizonte
donde las nubes se van quemando.
El rugiente pájaro de fuego
con sus rojas alas de guacamaya,
va amainando sus aleteos
y aparece un azul claro
sobre las aguas del mar tranquilo
y sobre las lejanas montañas.

Paz, otra vez en los grandes templos
Humos de pom y copal a *Sat Kanh*[2]
la faz del dios poderoso.
Juegos y sonrisas en la plaza,
lecturas de katunes dormidos
y piedras que volverán a hablar
enumerando las estrellas
una por una, como brillaban
en los anchos caminos de Tikal.

[1] En Guatemala, el saíno o pecarí.
[2] Sat Kanh, Nombre Maya para cielo.

rains soak
the burro and the wild boar.
Sharp bullets fall from the sky,
obsidian knives,
to split in two the gorillas
who learned the price of gold.

The bird of thunder explodes
with its tongue of burning fire
and the ancient codices
tell us to call our elders to mind
when the thunder and lightning
leave us deaf, dumb and blind.
Those are not dance hall gorillas
like those who sport army stripes
No! They're our real fathers!

And we see the fire again
there on the black horizon
where the clouds are burning.
The roaring bird of fire
with its red macaw wings
whose subsiding wingbeats
give way to a transparent blue
over the calm sea-waters
and the distant mountains.

Peace again in the great temples,
the smoke of pom and copal for Sat Kan,
the face of the powerful deity.
Games and smiles in the plaza,
recitations of sleeping katuns
and stones that speak once more,
numbering the stars
one by one as they shone
above the wide avenues of Tikal

Y cada quien en su comunidad.
Los hombres construyendo el futuro,
las grandes fieras en la montaña,
los monos trepando sus bejucos,
el cervatillo en la pradera,
el burro en su potrero, y aunque
rebuzne no será presidente;
y sobre todos, el vuelo del quetzal![1]

[1] Quetzal, Ave imperial de los Mayas. (Nombre de la moneda nacional de Guatemala).

And each at home in his community.
Humans building their future,
the great beasts in the mountain,
the monkeys climbing their vines,
the fawn in the meadow,
the burro in his pasture, who even if he brays
will never be president;
and over it all, the flight of the quetzal!

LA FIESTA DEL AGUA

La fiesta del agua me asombra
con sus algodonales de nubes
que lloran sus mares solitarios.
También hay golondrinas traviesas
que picotean ansiosas
la enorme tinajera del cielo
haciendo caer el agua en chorros
para que se ahoguen los bueyes
así como en el diluvio.

La lluvia de día y de noche
hinchando caudales y corrientes
y lavando lujosos cristales
de palacios presidenciales.
Mientras en pequeñas champas[1] tristes
la familia junta se desvela
viendo pasar la corriente sucia
bajo los petates[2] de los niños
y debajo de las redes de maíz.

Ahí está entonces el agua
en su gran fiesta de relámpagos.
Hay truenos y retumbos sonoros
que son los tambores del cielo
que pregonan con su voz gigante.
"¡Eh, hombres malos, cachetudos!
Ustedes los asesinos, criminales;
acuérdense que son hormiguitas
pedazos de carne y de hueso!"

Y el agua seguirá golpeando,
más a los pobres que a los ricos.
Pero la lluvia es siempre benigna

---

[1] Champa, tienda de palmas para defenderse de la lluvia.
[2] Petate, esterilla de palma. (Del Nahuatl: pétlatl=estera).

30

THE WATER FEAST

The water feast amazes me
with its cotton plantation clouds
that weep for their lonely seas.
And there are playful swallows
pecking anxiously
at the huge clay jar of the heavens
so that rain crashes down
and drowns the oxen
just as it did in the Flood.

The rains come down day and night
swelling riverbanks
and washing the luxurious crystals
of presidential palaces,
but in the sad small hovels
the gathered family can't sleep
as it watches filthy streams flow
under the children's sleeping mats
and under the stacks of corn.

There's the water then
in its great lightning-flash fiesta.
There's rumbling and raging of thunder,
the loud drums of the sky
announcing with roaring voice:
"Hey you, fat-faced sinners!
you assassins, you crooks,
don't forget you're nothing but tiny ants,
fragments of flesh and bone."

And the rains will beat down
more on the poor than on the rich,
but the water is always good,

pues es el sudor del cielo
y en su fiesta regará por parejo
los pequeños maizales
como los grandes algodonales.
El agua es benigna con todos,
solamente los injustos y perversos
no quieren entender la voz del trueno.

being the sweat of heaven.
It irrigates equally in its fiesta
the tiny cornfield of the campesino
and the great cotton plantation.
The rains are good to everyone—
save for the perverse and unjust
who fail to understand its voice of thunder.

PIEDRAS LABRADAS

Perdidos en la jungla
varios milenios
de historia,
y olvidados por el hombre
brillantes milenios
de victoria.
Los Mayas y los glifos,
uno sólo
como padres e hijos
midiendo el presente
en los ojos bobachones
del turista
que junto a la estela
manosea en Tikal
un glifo redondo
que a los curiosos
enseña los dientes
como diciendo:
"Después de dos mil años,
caminante,
aquí seguimos de pie
vigilantes
entre las sedas
de las telarañas
del tiempo."

SCULPTED STONES

Lost in the jungle—
several millennia
of history,
and forgotten by men—
shining millennia
of victory.
The Maya and their glyphs
stand as one
like fathers and sons
measuring the present
in the easy-going eyes
of the tourist
who stands by a stele
in Tikal stroking
a round glyph
which bares its teeth
to the onlookers
as if saying:
"After two thousand years,
traveler,
we're still on our feet
vigilant
among the silken
cobwebs
of time."

LA NACIENTE AURORA

El día amaneció nublado...
mil cuervos picoteaban las horas
posados sobre las blancas nubes;
dicen no creer en dioses ni en reinas
y así, vierten sus salivazos
que caen en grandes goterones
sobre la cabeza de los ganzos.

Mientras debajo de los arbustos
la gallina, silenciosamente
entrevista al escarabajo
y luego, a sus polluelos dice:
¡Los astros son nuestros escuderos
y el jaguar de corazón de fuego
no pierde nunca en las batallas!

El pueblo está en pie de guerra
y los truenos esparcen sus ecos
que se deslizan en el caracol
del cacique que afila sus garras.
En tanto que el Consejo pronuncia:
¡ay del que rasgue la capa real
porque ahí perderá sus flecos!

Nadie pretenda ver a la reina
"la de los diamantes magníficos"
si ha soñado con negros toros;
porque su hermoso velo azul
y de bordados jeroglíficos,
es baluarte de paz verdadera
y emblema de su noble origen.

Y por más que se deslicen boas
trenzando el pelo de la noche,
hábilmente nuestra bella reina Maya
saltará la tensa y larga cuerda

THE RISING DAWN

A clouded day dawned...
a thousand crows, perched on the dark clouds,
picked at the hours.
They say that they don't believe in gods or queens
and then spit saliva
that falls in big gobs
on the heads of geese.

Meantime under the shrubbery
the hen silently
interviews the beetle
and says to her chicks:
The stars are the shield-bearers,
and the jaguar with its heart of fire
is never defeated in battle!

The people are on the brink of war
and thunderbolts scatter echoes
that reverberate in the conch shell
of the cacique sharpening his claws.
Meanwhile, the Council pronounces:
Woe is he who rends the royal cape
for his head will be shorn on the spot!

No one dares look at the Maya queen
"She of the magnificent diamonds"
if he has dreamed of black bulls
because her lovely blue veil
embroidered with hieroglyphs
is a stronghold of true peace
and an emblem of her noble heritage.

And even if the boas slither
braiding the night's hair
our beautiful Maya queen
will nimbly leap over the taut, long rope

e irá en busca de la aurora,
allá en el oriente, al pie del cielo,
ataviada con sus jades y sus joyas.

Detrás de élla correrán todos
cual bravos y frenéticos guerreros
en persecución de verdes loros;
y cuando en el vértice oscuro
detengan su marcha de gacelas,
verán a los tiznados ídolos
tragando jades y finas perlas.

Entonces se sabrá el secreto
que por siglos esconden las piedras
porque una voz fuerte lo dirá:
"Nadie más es dueño de los tesoros
que se secan en largos petates
allá en el patio de los templos;
sólo tu, la reina del *Mayab*."

Cuando todo ésto suceda,
los maizales alzarán sus lanzas
y se escucharán mil pasos
ascendiendo por las escalinatas
de Chichén, Palenque, Copán y Tikal,
donde por milenios se ha guardado
el báculo sagrado del poder.

Todos sentirán gran alegría.
Las campanas se derretirán
en fuertes repiques de júbilo.
Revivirán mártires caídos
mientras la marimba, con sus lamentos,
tocará sones ancestrales
para que bailen los luceros.

Feliz, el día se cuajará
en una cúpula de cristal

and go in search of the dawn,
decked out in jade and jewels.

Behind her run all the others
like brave and frenzied warriors
pursuing green parrots;
and when their gazelle run ends
at the dark horizon
they'll see old smoke-stained idols
swallowing jade and fine pearls.

Then the secret hidden by the stones
for centuries will be revealed
because a strong voice will announce it:
"No one is owner of the treasures
drying on the long mats
there in the temple courtyards
except you, queen of the Mayab."

When all this happens,
the cornfields will lift their lances
and a thousand footsteps will be heard
climbing the stairways
of Chichén, Palenque, Copán and Tikal,
where the sacred scepter of power
has been kept for millennia.

Everyone will feel great joy.
Bells will dissolve
in loud chimes of jubilation.
Fallen martyrs will return to life
while the marimba with its laments
will play the ancestral songs
so that the stars can dance.

The day will happily congeal
into a crystal dome

y la sombra de los negros cuervos
ya no mancillará el ropaje
de la naciente y bella aurora;
mientras en su aro la guacamaya
bulliciosa repetirá: "paz y libertad".

and the shadows of the black crows
will no longer stain the raiment
of the rising, beautiful dawn,
and the boisterous macaw in its hoop
will repeat: 'Peace and Liberty.'

RECORDATORIO

Si revivieran nuestros ancestros
es seguro que a nosotros sus descendientes
nos azotarían trece veces
por dormilones y conformistas.
Ellos siempre nos recomendaron
luchar, construir y seguir adelante
sin que nadie se quede rezagado,
sin que nadie se olvide de los demás.
En cambio hoy, nosotros los Mayas,
nos hemos quedado callados
y hasta nos hemos olvidado del mensaje
que nos anima a romper el silencio.
Por eso, si revivieran los ancestros,
ellos nos azotarían trece veces
para curar la amnesia de siglos
que nos ha hecho olvidar nuestros nombres.

REMEMBRANCE

If our ancestors came to life
they'd surely give us, their descendants
thirteen lashes for being
sleepwalkers and conformists.
They always advised us
to struggle, build and forge ahead
so that no one's left behind,
and no one's forgotten by his brothers.
Yet today we Maya
remain hushed up
and have even forgotten the message
that might inspire us to break the silence.
That's why if our ancestors came back to life
they'd give us thirteen lashes
to cure the amnesia of centuries
which has made us forget our names.

LOS MAYAS SE VAN

Los Mayas son un gran misterio
dirá algún día, en el futuro,
algún insospechado arqueólogo
cuando en un remoto cementerio
de los cientos hoy clandestinos
en Guatemala, el Salvador,
Latinoamérica;
encuentre en una sola fosa
decenas o cientos de cadáveres
unos sin brazos, otros sin piernas
y muchos otros, decapitados.
Entonces explicará el estudioso
que fueron víctimas de un sacrificio
para aplacar la furia de los dioses.
Otra vez, habrán dudas
de la naturaleza de los Mayas
y hasta habrán aseveraciones
de que esos Mayas eran caníbales
como sus antepasados
pues se comían a sus víctimas
o porque era parte del ritual sangriento
descuartizar a los desdichados
y luegos sepultarlos colectivamente
en una sola fosa.
Se creerá la hipótesis, por supuesto,
si es que estos absortos mayanistas
no toman apuntes en sus listas
de que estos muertos incontables
son producto de las grandes masacres
de los adiestrados kaibiles
y de los comandos Atlacatl
que cínicamente usan y profanan
los nombres de dos caciques heroicos
que contra los ambiciosos invasores
mal llamados conquistadores,

THE MAYA DEPART

The Maya are a great mystery,
an unsuspecting archeologist will say
one day in years to come
when he uncovers in a remote cemetery
like hundreds of other clandestine cemeteries
in Guatemala, El Salvador,
Latin America,
a single pit with dozens
or hundreds of corpses,
some without arms, others without legs
and many others with their heads chopped off.
Then the scholar will explain
that these were victims of a sacrifice
to placate the wrath of the gods.
Once again doubts will surface
regarding the nature of the Maya
and there will be assertions
that these Maya were cannibals
like their ancestors
because they ate portions of their victims
or because it was part of a bloody ritual
to dismember the sorry creatures
and then bury them all
in a common pit.
No doubt this hypothesis
will be the accepted one
as long as the engrossed Mayanists
omit from their records
that these uncounted dead
were products of the great massacres
committed by the *kabibiles*
and the Atlacatl Brigade
which cynically adopted and profaned
the names of the heroic caciques
who bravely fought
in hand to hand combat
against the greedy invaders,

lucharon tenazmente cuerpo a cuerpo
y no con galiles israelíes
ni con M-16, gringos;
sino con armas nacionalistas:
su sangre, sus flechas,
y su lucha cuerpo a cuerpo
por repeler a los invasores.
Así dirá el arqueólogo del futuro
que ahora sólo mide cráneos ancestrales
y que se alegra al abrir una tumba más,
mientras ese mismo día,
en alguna parte,
muy cerca de él, y todos los días
se abren centenares de tumbas
de campesinos pobres, indígenas
caídos sobre los jeroglíficos.
Esto no importa dirán algunos,
ya habrá tiempo en el futuro
para seguir husmeando, excavando,
y de seguir tejiendo hipótesis
del por qué desaparecieron los Mayas
y a donde se fueron los "indios"
con sus dioses, sus trajes multicolores,
y todo el pesado equipaje
de su sabiduría milenaria.

falsely named conquistadors,
and not with Israeli Galils, either,
or with M-16's, gringos,
but with indigenous weapons:
their own blood, their own arrows,
and their hand to hand battle
to repel the invading forces.
This is what the future archeologist will say
whose contemporaries
happily measure ancient skulls
and rejoice in uncovering a new tomb
while the same day, nearby,
new graves are opened by the hundreds,
filled with poor campesinos, Maya
who have fallen on top of the hieroglyphs.
But many will say that's not important.
There'll be ample time
in the future
to go on digging for clues, excavating
and weaving hypotheses
to explain why the Maya "disappeared"
and where the "Indians" went
with their gods, their multi-colored dress,
their languages, their traditions
and all the weighty baggage
of their millennial wisdom.

CHINCHINTOR[1]

Siglos espesos
y pegajosos
que nos han desfigurado.
Siglos perversos
llenos de sangre
que nos han extraviado.
Somos ahora
apenas sombras,
malheridos espantajos
que no espantan nada
ni a nadie,
más que a nosotros mismos
y a nuestros hijos
que han perdido la sonrisa.

Pero sabemos
que cuando los valles
se cubran otra vez
de cieno y de pantanos,
de vómitos y porquerías;
volverán, lo sabemos,
los chinchintores
con sus gritos subterráneos,
esas serpientes de cuerpo cuto
y con dos cabezas.
Vendrán los chinchintores
lo sabemos,
los que caminan sigilosos
bajo la tierra
al mismo ritmo que los pasos
y siempre hambrientos
como los bichos del PAC MAN.[2]

[1] Chinchintor, serpiente mítica y venenosa.
[2] Pac-Man, juegos electrónicos de computadoras. "Comelón".

CHINCHINTOR[1]

Dense and sticky
centuries
that have disfigured us.
Perverse, blood-filled
centuries
that have misled us.
We're barely
shadows now,
badly-wounded scarecrows
scaring nothing
and no one,
except ourselves
and our kids
who've lost their smiles.

But we know
that when the valleys
are once again covered
with mud and swamp,
with vomit and trash—
that's when the chinchintors
will return
with their subterranean cries,
their short bodies
and their two heads.
The chinchintors will come,
we know it,
they who silently travel
underground
to the same rhythm as footsteps,
always famished
like those PAC MAN creatures.

---

[1] The chinchintor is a two headed serpent in Mayan folklore and myhology.

Así se arrastrarán hambrientos
al compás de los pasos
comiéndose la sombra
de los mercenarios que morirán
sin su sombra
y sin su sombrero.

That's how they crawl, ravenous,
in time with the footsteps,
gobbling up the shadows
of mercenaries, who'll die
without their shadows
and without their hats.

LA FUENTE SECA

Los recursos naturales
en el seno de la tierra
son más espléndidos
que convertidos en billetes
en las sucias manos
de los cuarenta ladrones
dispersos hoy en el mundo.
Dicen los Mayas, mis ancestros,
que las fuentes
son los *tonales*[1] de los ricos,
y que cuando
un hombre arranca la vida natural
no por necesidad
sino por acumular,
una fuente de agua fresca
se seca
allá en la montaña.

[1] El *tonal* es el alter ego de una persona en la cultura Maya.

THE DRY SPRING

Natural resources
in the bosom of the earth
are more splendid
than when converted into bank notes
in the dirty hands
of the forty thieves
dispersed around the world.
My Maya ancestors used to say
that wellsprings
are the "*tonal*" [1]
of the rich,
and that
when someone takes from nature
not out of need
but only to amass wealth,
a spring of fresh water
dries up
high in the mountain.

[1] The "tonal" is an animal companion or alter ego given to a child when he is born
according to the ancient Mayan calendar.

CURANDO EL SUSTO

Para curar el susto
entre los Mayas,
se pone un huevo nuevo
debajo del brazo
del asustado
y devolverle así
el valor y la salud
que el fantasma
le ha robado al individuo.

Pero, ¿cómo podremos curar
el dolor y el miedo
acumulado durante varios siglos
de despojo y negación
de nuestra identidad Mayance?

Alguien dijo
que el huevo es una gran idea
pero que en nuestros días
es mejor confrontar
y combatir
al causante del susto,
en vez de aguantar los siglos
calentando huevos de chompipe
debajo de nuestros brazos.

CURING A FRIGHT

Among the Maya
to cure a fright
you put a fresh-laid egg
in the armpit
of the frightened person
and in that way
the self-worth and health
that the phantom has stolen
will return to the afflicted.

But, how can we cure
the pain and fear
built up over the many centuries
 of plunder and negation
of our Mayan identity?

Someone said
the egg is a great idea,
but in our day it's better
to confront
and do battle
with those causing the fright,
than endure the centuries
warming turkey eggs
in your armpits.

EL ARMADILLO

El armadillo
no es simplemente un animal
popular en el arte Maya.
Digo no y no;
basta con revisar los códices
y ver al armadillo
cargando su caparazón
de concha dura.
El armadillo es el banquito preferido
de *Witz*,[1] el dueño de los cerros,
el que es dueño de riquezas
y tesoros escondidos
en el corazón de las montañas.
Witz es un extranjero de piel blanca
y ojos de tecolote.
Basta seguir a un armadillo
hasta su hoyo, al pie del monte,
para comprobar
el misterio del cerro.

[1] Witz, nombre Maya para el dueño de los cerros y de los animales.

THE ARMADILLO

The armadillo
isn't simply an animal
popular in Mayan art.
No, definitely not.
Take a look at the codices,
and notice the hard-shelled
carapace on his back.
The armadillo is the favorite footstool
of Witz, the guardian of the hills,
who owns great wealth
and hidden treasure
in the heart of the mountains.
Witz is a stranger on earth
with owl eyes and white skin.
Just follow an armadillo
to its hole at the foot of the mountain
to verify
the mystery of the hill.

EL METEORO

Frente a su choza triste
el campesino pobre
ve caer del cielo
un meteoro
como bola de fuego
que ilumina
en un instante
el sueño eterno de los muertos
y el de los pobres, vivos.

"¡Es dinero!"
grita gozoso el campesino,
"es oro que las estrellas
dejan caer del cielo,
allí donde no llegaron
los conquistadores con sus fusiles
y donde aún no han llegado
los gringos aventureros
con sus misiles.
¡Miren hermanos aldeanos
como sudan oro las estrellas!"

La bola de fuego
se precipita ardiente
surcando el espacio azul
y nadie sabe el lugar
donde ha caído el oro del cielo.
Ya mañana, alguien comentará:
"Ese dinero no cayó al suelo
sino fue transformado
en millones de gusanos
cuando el diablo
en su ronda nocturna
interceptó el meteoro
para que su luz no cayera
como lluvia de monedas de oro

THE SHOOTING STARS

In front of his hut
the poor campesino
sees a meteor
fall from the sky
like a ball of fire
that for an instant lights up
the infinite dream of the dead
and the one of the living poor.

"It's money!"
he shouts joyously,
"It's gold that the stars
are dropping from the sky;
from up there where neither
the conquistadors with their rifles
nor the gringo adventurers
with their missiles
have yet reached.
My fellow villagers, look
at how the stars are sweating gold!"

The ball of fire rushes
headlong
through blue space
and exactly where
the heavenly gold has fallen
no one knows.
Tomorrow someone will say:
"That gold never fell to the ground;
it was changed
into millions of worms
when the devil
in his nightly rounds
intercepted the shooting star
so its light wouldn't fall
like a rain of golden coins

en el patio barrido
del pobre campesino.
En las noches claras
de diciembre y enero
podremos, silenciosamente,
escudriñar el cielo nocturno
contando estrellas y meteoros,
pero nunca caerá
en el patio de nuestras casas
el puñado de oro deseado,
si no evitamos que el diablo
destruya nuestros sueños
y convierta en excremento de estrellas
nuestros anhelos.

on the well-swept yard
of the poor campesino."

During the clear nights
of December and January
we might silently
scrutinize the night sky,
counting stars and meteors,
but that fistful of wished-for gold
will never fall into the yards of our houses
unless we keep the devil
from destroying our dreams
and turning our yearnings
into the excrement of stars.

BRUJOS DORMILONES

Brujos babosos, dormilones.
¿Por qué se acuestan ciegos
entre hormigas y hortigas
mientras el fusil de los 'pintos'[1]
escupe plomo en la espalda
de los hijos del pueblo?

Si con sus viejas artimañas
brujean al fulano que ofende
con hinchazones, tumores
y enfermedades incurables.
¿Por qué sus ojos son ciegos
y no admiten los dolores
de este pueblo agobiado?

Levántense y digan algo
cuando el soldado
dispare contra su hermano.
Que sean vivas ranas
las que el fusil escupa
cuando el soldado
dispare contra su hermana.

Levántense y hagan algo
cuando el soldado
dispare contra su padre.
Que sea aire solamente
lo que el fusil escupa
cuando el soldado
dispare contra su madre.

Levántense y señalen algo
cuando el soldado
dispare contra el abuelo.

---

[1] Pintos, le dicen a los soldados en Guatemala por su uniforme de camuflaje.

USELESS BRUJOS

Useless brujos, witch doctors,
why are you lying there blind
on top of anthills and thistles
while soldiers' rifles
spit lead into the backs
of the sons of the village?

If you can cast spells
of swellings, tumors
and incurable maladies
on some offending nobody,
why do your eyes go blind
to the desolation
of this punished land?

Get up and speak up
when the soldier
shoots down his brother.
Make frogs come out
in place of bullets
when the soldier's rifle
is aimed at his sister.

Get up and do something
when the soldier
shoots at his father.
Make it wind, only wind
that spits out of his rifle
when the soldier
shoots at his mother.

Get up and hex the soldier
who shoots at a grandfather.
Make it mud, thick mud

Que sea lodo, mucho lodo
lo que el fusil vomite
cuando el soldado
dispare contra el pueblo.

Despierten brujos dormilones
y desaten sus jaguares escondidos.
Que muerdan los nahuales
a diestra y siniestra
y se orienten rabicundos
al origen de nuestros males.

No más sangre en los caminos,
no más llanto en los hogares,
no más gritos en nuestros días.
Por eso, brujos dormilones,
despierten y murmuren algo
cuando el soldado
dispare contra el pobre.
Que sea lodo, mucho lodo
lo que el fusil escupa
cuando el poderoso
quiera hacernos la guerra.

that the rifle vomits
when the soldier
shoots at the people.

Wake up, useless brujos, witch doctors.
Unleash your hidden jaguars.
Make these *nahuals*[1] pounce
left and right,
and direct their fury
at the root of our misfortune.

No more blood on the roads,
no more grief in our homes,
no more howling through our days.
so stand and deliver a curse,
useless brujos,
when the soldier
shoots at the poor.
Make it mud, thick mud
that the rifles spit out
when those in power choose
to make war on us.

[1] Animal spirits, or totems

CAPTURADO

En la nueva carretera transversal
del noroccidente de Guatemala,
los kaibiles capturaron a un ciudadano
sordomudo, joven y fuerte llamado Pilín.
Los oficiales militares
con torturas quisieron hacerlo hablar
para que denunciara a otros
y que señalara el camino
hacia los campamentos guerrilleros.

Y como Pilín solo se sonreía,
furiosos, los jefes militares
siguieron con sus golpes y torturas
sin que el reo, sordomudo
les soltara una sola palabra.
Admirando el gran hermetismo
del supuesto "jefe guerrillero",
los kaibiles decidieron entonces
cortarle la lengua, sacarle los ojos
y por último, quemarlo vivo.
Pocos días después escuchamos
en los cumunicados del ejército,
que en la carretera transversal del noroccidente,
habían matado a varios subversivos
y que junto con éllos también había caído
"uno de los más altos jefes guerrilleros".
Seguramente de Pilín se referían,
aquel hombre tranquilo de aldea;
sordomudo, sonriente y apolítico.

CAPTIVE

On the new highway cutting across
northwestern Guatemala
the kaibiles captured
a young
and strapping deaf-mute named Pilín.
The military officers
began torturing him to make him
denounce the others
and show them the way
to the guerrilla camps.

But since Pilín would only smile,
the military officers, furious,
went on beating and torturing him
without his uttering a single word.
Struck with admiration
at the obstinate silence
of the presumed "guerrilla chief,"
the kaibiles then decided
to cut out his tongue,
gouge his eyes out
and burn him alive.
Days later we heard
from army communiqués
that on the new northwest highway
they'd killed several subversives
and among them
"one of the top guerrilla chiefs."
It appears they meant
the placid villager, Pilín,
deaf-mute, always smiling
and innocent of politics.

PRESAGIO

Hermano,
ven al patio y mira
sobre la loma
como se mueve el hormiguero.
Ven a ver
como se combinan los colores
y como se une
el verde con el rojo.
Ven, ven al patio hermano
y mira caer del cielo
machetes y más machetes;
filosos machetes
para los campesinos.

VISION

Brother,
come to the patio and look
at that ridge,
how the crowds are moving,
come and see
how the colors shift
and how the greens
combine with the reds.
Come, my brother,
come to the patio
and see machetes and more machetes
falling from the sky,
sharply honed machetes
for the campesinos.

EL PERRO

Muy cerca del destacamento militar
un perro callejero fue muerto.
Era un perro flaco, pulgoso,
que los jefes militares creyeron
ser algún joven guerrillero
que pasaba orinándoles las carpas
convertido en perro desafiante.

Es la creencia, dice la gente,
que los soldados matan a los perros
porque aseguran que los guerrilleros
con su habilidad saben convertirse
en palos, en piedras, en perros;
por eso casi nunca caen en combate
los guerrilleros en la montaña.

Pobres perros intranquilos
que sufren al igual que sus dueños,
una tortilla o dos al día
es su comida, y se les apalea
si invaden cocinas repletas
seducidos por el hambre.
Nunca comen carne, ni en sueños!
como los gordos perros extranjeros.

Triste perro abatido a tiros,
no era un alto jefe guerrillero;
era simplemente un perro,
un perro callejero
de los muchos que transitan en el pueblo
y que sin malas intenciones
se paran, levantan la pata y orinan
los cuarteles de los asustados coroneles.

THE DOG

Near the military barracks
a stray dog was shot;
it was a skinny, flea-ridden cur
that the military commanders
believed was a young guerrilla
who changed into a defiant dog
and was pissing on their tents.

People say there's a belief
that the soldiers kill dogs
because they're sure the guerrillas
can cleverly turn themselves
into sticks, stones, or dogs;
that's why so few of them are killed,
those guerrillas in the mountains.

Poor miserable dogs
who suffer the fate of their owners,
who eat a tortilla or two a day
and who are beaten to a pulp
if they wander into the kitchen
overcome by hunger.
Not even in dreams do they ever eat meat,
like the fat foreign dogs!

Wretched dog riddled with bullets,
he wasn't a top guerrilla commander,
he was just a dog, a stray mongrel
like many others who travel through the towns,
and without meaning any harm
stop to raise a leg and piss
on the barrack posts of the frightened colonels.

LLANTOS DE UNA MADRE

(por Pedro Antonio)

Tus ojos que fueron hermosos
apenas ayer cuando joven,
son ahora amplias cavernas
donde los negros goterones
de tus lágrimas se secan.
Ya no llores por el retoño
que te han tronchado aquel día,
porque esa breve semilla
que tú riegas con tus lágrimas
ha brotado hoy en otoño
más radíante que las estrellas.
Ya no llores y yergue la frente,
que no te abaten las penas
ni te asusten los mastines
de la noche harta, decadente.
Levanta tu frente marchita
y mira hacia el horizonte.
Allá viene el hijo que lloras
cabalgando en la distancia,
no viene solo, viene unido
a la muchedumbre que aclama.
!Ve, pues, y encuéntralo señora!
que él es tu hijo "desaparecido"
a quien lloras cada mañana.

A MOTHER'S WEEPING

— for Pedro Antonio

Your eyes that only yesterday
were lovely and youthful,
are now large caverns
where the black droplets
of your tears are drying.
Don't weep for the young plant
they did away with that day,
because that brave seed
you scatter with your tears
has bloomed this very autumn day
more radiant than the stars.
Don't weep, but lift your head
so that your sorrows don't bring you down
or the hounds of the gluttonous,
decadent night frighten you.
Lift your withered brow
and look toward the horizon.
Here comes the son you weep for,
galloping in the distance,
he's not alone, he's joined
by the cheering crowds.
So go out and meet him, señora,
he is your "disappeared" son
you weep for every day.

HABLAR DE LIBERTAD

1982

Aleteos de quetzal
en el corazón del pueblo,
mientras en la mente vil
del borracho general
hay traqueteos de fusil
para matar al pueblo.

El general de turno
le dice así al mundo
entre risas y serio:
¿Quién dice que no hay paz
en la tierra del quetzal?

Luego, el viejo chacal
se ríe con sus asesores:
Paz, mucha paz hay señores,
la paz del cementerio
para los que hablan de libertad.

TO SPEAK OF LIBERTY

(1982)

Quetzal wingbeats
in the heart of the people
while volleys of gun-fire
in the vile mind
of the drunken general
kill off the people.

So the general of the moment
says half in jest and half serious
to the world:
"Who says there's no peace
in the land of the quetzal?"

Then the old jackal
laughs with his henchmen:
"Peace, lots of peace, gentlemen,
the peace of the graveyard
for those who speak of liberty."

SEGUNDA PARTE
PART TWO

1982-1992

GUATEMALA

I

Patria, mi dulce amada,
tu voz y mi canto
unidos hoy en el exilio
me duelen
como puñal en el alma.

Me levanto de la nada
y persigo tu sombra
como un sonámbulo
ajeno y distante de las flores
de tu eterna primavera.

II

Porque me duele tu lamento
te sigo los pasos
y porque creo en ti, patria,
y considero
que en la vanguardia del día
tu aurora se mece
en un amanecer fluvial
de horas turbulentas.

Allí es donde mis pasos
deseo poner, patria mía,
con mi puño al viento
y mi machete en alto;
allí donde tu nombre suena
dulce y afable,
allí donde tu cintura
de mares celestes cruje
y también agoniza.
Allí donde te duele más
el anclado de los barcos piratas

GUATEMALA

I

My sweet beloved homeland,
your voice and my song
joined today in exile
wound me
like a dagger in my soul.

I rise from the void
pursuing your shadow
like a sleepwalker
alien and remote from the flowers
of your eternal spring.

II

Because I hurt for your sorrow
I follow your footsteps
and because I have faith in you, homeland,
and believe
that in the cradle of day
your aurora is rocking
in the moist daybreak
of these turbulent hours.

It's there I wish to place
my footsteps, homeland,
with my fist clenched
and machete held high;
there where your name resounds
sweet and gentle,
where your waist
of clear blue seas
writhes
and agonizes,
where your hurt is deepest
from the anchors of pirate ships

que desangran tu vientre
y tu bandera
con odio, fuego y plomo.

III

Patria, mis recuerdos.
Cuánto me duele tu nombre
marchito y triste
en un banano multinacional
en el corazón de América.
Oigo tu voz en la marimba
y grito,
oigo tu voz en la chirimía
y me quejo,
oigo tu voz en las alas del viento
y canto
tu nombre Cuatemala.

IV

Tu nombre, Guatemala
la más bella sinfonía
de los eternos volcanes.
Tu nombre, Guatemala,
gotas de trementina en mi pecho
y mis suspiros
por pasear otra vez mis ojos
en tus lagos incomparables.

Qué lejos estoy de ti, patria
y llevo en mi sangre
burbujas de sol,
de lucha y de esperanza;
por tu nombre, patria,
y por tus hijos
los miles hoy despojados,
erguiré la frente y lucharé
como quieres que yo sea,

ravaging your womb
and your flag
with hatred, fire and lead.

III

Remembrances of you, homeland,
I'm wounded by your name,
sad and withered
on a multinational banana tree
in the heart of America.
I hear your voice in the marimba
and I howl,
I hear your voice in the reed flute
and I lament,
I hear your voice on the wings of the wind
and I sing your name
Guatemala.

IV

Your name, Guatemala,
the loveliest symphony
of the eternal volcanoes.
Your name, Guatemala,
drops of turpentine on my chest
and my sighs
as my eyes feast once more
on your incomparable lakes.

How far I am from you, homeland,
as I carry in my blood
a bubbling of sunlight,
struggle and hope.
In your name, homeland,
and in the name of your sons,
the thousands of dispossessed,
I'll lift my head and fight
as you wanted me to,

un hombre de mi tiempo
para curar tus vómitos amargos
de muchos siglos acumulados.

V

Estoy tan distante de ti
terruño querido
pero sigo aspirando el perfume
de tus jardines montañeses.
Sigo emborrachándome
con el néctar delicioso
de tus frutas maduras
y embelesándome con el canto
de tus legítimas alondras.
Veo a través del viento
el fuego invencible
en el pecho de tus hijos Mayas
que incendian paisajes
dormidos
con sus trajes coloridos
y que a su vez conservan
en su voz inextinguible
la valiosa herencia
del idioma de los códices.
Estoy tan distante de ti
pedazo de suelo mío
mi cuna, mi albedrío;
Cuánto me duele tu dolor,
tu fatiga insoslayable
y tu horrendo parto de hijos
perversos
que arrancan de tu vientre
el maleficio del dólar
para estrellar aún más bajo
a los campesinos
que no pueden soltar el gozo
más que el sudor,
su llanto

a man of my time,
to cure the bitter vomiting
you suffered through the centuries.

V

I'm so far from you,
beloved homeland,
but I still inhale the perfume
of your mountain gardens.
I still grow drunk
on the delicious nectar
of your ripe fruits
and am charmed by the song
of your authentic skylarks.
In the rising wind
I see invincible fire
in the breasts of your Mayan sons
who set sleeping landscapes aflame
with their brilliant dress
and maintain
the precious heritage
of the language of the codices
in their inextinguishable voice.
I'm so far from you,
my own piece of land,
my cradle and purpose.
How your grief pains me,
your ineluctable fatigue
and your horrendous birthing
of malignant sons
who tear out of your womb
the malevolence of the dollar
to drive the workers
even deeper down,
who have no joy,
but only sweat,
tears

y su fatiga.
Borracho estoy de tu nombre
pequeña patria mía,
nido de verdes quetzales
y por desventura;
nido de víboras temibles,
personalistas,
que persiguen intereses ajenos
y destructoras de auroras boreales.

VI

Patria, mi dulce ensueño,
siento tu latir sonoro
en el viento primaveral
de las alas de las garzas;
y siento en el viento húmedo
del trópico,
el murmullo ancestral
de tus sones rebeldes
y embalsamantes.
Percibo desde aquí
el perfume tonificante
y embriagador
de las impretíritas flores
que todas las mañanas
se abren en Antigua.
Y siento el impulso de tu nombre
desde los altos Kuchumatanes,
vibrar trepidante.
Siento todo esto,
el suspiro de los niños de aldea,
las risas juveniles en los pueblos,
los gritos del vendeperiódicos
en la ciudad inmensa;
y las risotadas sublimes
de las mujeres Mayas
en sus baños tibios
bajo los cipreses melancólicos.

and exhaustion.
I'm drunk on your name,
my little homeland,
nest of green quetzals,
and on misfortune,
nest of terrifying vipers,
of self-seekers
who chase foreign interests,
those destroyers of the aurora borealis.

VI

Homeland, sweet reverie,
I feel your resonant heartbeat
borne on the spring wind
of the herons' wings
and the ancestral murmur
of your rebellious
enchanting rhythms
in the moist wind
of the tropics.
I can feel here
the invigorating, transporting
perfume
of the perennial flowers
that bloom each morning
in Antigua.
And the pulse of your name
from the high Cuchumatanes,
vibrating and throbbing.
I feel all this,
the sighs of the village children,
the youthful merriment in the towns,
the cries of the newspaper vendor
in the vast city
and the sublime laughter
of young Mayan women
bathing
under the melancholy cypresses.

Patria, eres encanto y poesía
la fiesta primaveral
en la cintura de América.
Voz y canto
de marimba y alondra,
fuego de volcán.
Tu nombre inmenso
en los diáfanos ríos
de oriente a occidente,
de norte a sur
y en el centro de América
tu nombre se levanta
como tormenta de flores:
GUATEMALA inmortal!

Homeland, you're enchantment and poetry,
the spring fiesta
in the waist of America.
Voice and song
of marimba and skylark,
volcanic fire.
Your immense name
in the diaphanous rivers
that run east to west
and north to south
and in the center of America
your name arising
like a storm of flowers:
immortal GUATEMALA!

MI OMBLIGO

Yo sé que mi ombligo
está sembrado
allá en las tierras altas
de Guatemala.
Y aunque esté lejos
de mi patria
yo sé que mi corazón
indivisible
late igual que antes
y sufre la distante
melancolía.

UMBILICAL

I know my umbilical cord
is planted
there in the highlands
of Guatemala.
And though I'm a long way
from home
I know my undivided
heart
beats as before
and endures the distant
melancholy.

GOLONDRINAS

Golondrinas trinadoras
que vienen sobre las olas
con olores tropicales,
¿qué me dicen juguetonas
del invierno que se asoma?

"En las casas sin paredes
el frío será intenso,
habrá viento, habrá frío
y triste estará la gente
por el invierno que se asoma.

Allá en países lejanos,
pequeños niños hay desnudos
descuidados y huérfanos,
a ellos les faltará amor
y el calor de un hogar.

Jóvenes mujeres viudas
deshojadas por el tiempo,
viven mordiendo el silencio
sin voces, calladas, mudas
y perdidas en el viento.

Luego, policías en las calles,
perros, escuadrones de la muerte
y ladrones de toda suerte;
todos pateando a pueblos
y desangrando banderas.

Autoridades borrachas
mal olientes, vende-patrias,
todos, en mesas secretas
se cosquillean con billetes
planificando secuestros.

SWALLOWS

Migrant swallows
coming over the waves
with smells of the tropics,
what can you tell me
about the coming winter?

"The cold will be intense
in the shanties,
there'll be wind and chill
and sadness for the people
in the winter ahead.

"In distant lands
there are naked, homeless
and orphaned kids
lacking love and the warmth
of a good fire.

"Young widows,
stripped of everything,
live, biting the silence,
voiceless, stilled,
mute, lost in the wind.

"Police in the streets,
dogs, death squads
and thieves of every sort,
thugs kicking the people
and bloodying the flag.

"Drunken, stinking bigshots
selling off the country,
under the table,
tickling themselves with greenbacks
while planning kidnappings.

Y hay un pueblo de colores,
de ríos, volcanes, flores;
un pueblo de veras hermoso
de eterna primavera
y hoy, con partos dolorosos.

Campos sembrados de maizales
como pintados al óleo
y cerca, políticos mafiosos
contando huellas de gringos
en pozos de petróleo."

Golondrinas mensajeras
que vienen sobre las olas
con olores tropicales,
me parece que sus alas
vienen hoy de Guatemala.

"There's a brightly-colored land
of rivers, volcanoes, flowers—
a truly beautiful country,
of 'eternal springtime,'
today in painful childbirth.

"Fields planted with corn-patches
as if painted in oils,
and, nearby, Mafioso politicians
pacing off gringo footsteps
for oil well sites."

Messenger swallows
coming over the waves
with smells of the tropics,
I see you've just returned
from Guatemala.

INVIERNO EN LEWISBURG

Friolentos soplos el norte
me azotaron la cara
y los árboles desnudos
habían botado sus hojas
como rojas mariposas
abatidas por el viento.

En el cielo azulado,
columnas de pajarillos
huían hacia el sur
botando sus plumajes
y trinando sus protestas
por la inclemencia del tiempo.

El invierno llega veloz
como un caballo blanco
saludando con su nieve
a los árboles desnudos
y matando flores necias
en los jardines tardíos.

La belleza de Lewisburg
se apaga con sus flores
sus hojas y sus pájaros,
apenas unas ardillas
arrastran sus largas colas
entre la nieve fría.

No hay niños en los campos
y poca vida en las praderas,
todos ahora se esconden
como armadillos en sus abrigos
y pensativos como el humo
esperando los colores.

Es el invierno blanco
plomizo en el cielo

WINTER IN LEWISBURG

Cold northern blasts
whipped my face
and the naked trees
had shed their leaves
like red butterflies
mauled by the wind.

Columns of small birds
in the bluish sky
fled south
dropping their plumage
and trilling their protests
at the pitiless cold.

Winter arrives suddenly
like a white stallion
greeting the bare
trees with snow
and killing obstinate flowers
in the tardy gardens.

The beauty of Lewisburg
fades with its flowers,
its leaves and its birds,
scarcely a few squirrels
dragging their long tails
over the cold snow.

There are no children in the fields
and hardly any life in the meadows;
now everyone hides
like armadillos in their coats
and pensive as smoke
awaiting the return of color.

The white winter
leadens the sky

y triste en los árboles.
¡Qué oprimido me siento
al no ver la primavera
de mi pueblo lejano!

Pero ya vendrán las flores,
ya vendrán los pájaros
y vendrán los colores;
y muchas más ardillas
juguetearán en los árboles
mirando a los estudiantes.

and makes the trees droop.
How oppressed I feel
at not beholding spring
in my distant land!

But in time the flowers will come,
the birds will return
and with them the colors,
and many more squirrels
will play in the trees
looking at the students.

CUANDO YO ME MUERA

Cuando yo me muera,
me iré lejos, muy lejos,
donde nadie me vea.
Pero cuando todos me hayan olvidado,
cuando mi nombre ya nadie pronuncie
y cuando todos estén descuidados,
regresaré silenciosamente,
mezclado entre las multitudes
que van de fiesta
o en medio de lluvias torrenciales
que azoten los tejados
en una noche de invierno.

Yo estaré ahí donde nadie me vea,
siempre sonriente,
siempre consciente;
no importa donde, yo estaré ahí
donde nadie me vea.
Pero, eso si...
yo estaré viendo a todos,
al que de mí se acuerde
y deposite blancas flores
sobre la cruz de mi tumba.
Si, yo volveré varias veces al año
a pasearme por las calles de mi pueblo
y a mecerme entre la brisa
y los celajes de primavera.

Yo volveré con el viento de octubre
a observar las planicies
de los campesinos;
porque yo soy un alma
que vive en cada uno de sus hermanos
y porque, si el campesino llora,
yo también lloro;
y si el niño o la mujer ríen
yo también río;

WHEN I DIE

When I die
I'll go far, far away,
where no one can see me.
But when all have forgotten me,
when no one speaks my name
and no one is watching
that's when I'll return, silently,
mixing with the crowds
going to a fiesta
or caught in torrential rains
beating on the roofs
on a winter night.

I'll be there where no one can see me
always smiling,
always conscious;
the place doesn't matter, I'll be there
where no one can see me.
But that's when...
I'll be looking at everyone,
at whoever remembers me
and puts white flowers
on the cross of my grave.
Yes, I'll return several times a year
to stroll in the streets of my village...
and swing between the breeze
and the cloud-scud of spring.

I'll return with the October wind
to watch over the fields
of the campesinos
because I am a soul
that lives in every one of his brothers
and because, if the peasant cries out,
I cry out,
and if the boy or the woman laughs
I laugh as well,

porque mi corazón es sensitivo
y mis pensamientos, infinitos.

Por eso, aunque nadie me nombre,
aunque nadie de mí se acuerde;
yo volveré varias veces al año
a pasearme por las calles de mi pueblo
y juguetear con la espuma del silencio.
Yo sí, volveré varias veces al año.

because I have a feeling heart
and my thoughts are infinite.

That's why, though no one mentions me
or even remembers me,
I'll return several times a year
to stroll the streets of my village
and play with the foam of silence.
Yes, I'll return several times a year.

TODO PASARÁ

En mi ausencia, yo siento en el alma
que los días pasarán como hojas secas
barridas por el fuerte viento.
En mi cielo gris y nebuloso
se apagarán grandes luceros
y no veré ya más aquellas flores
que un día contemplé sonámbulo,
ni volveré a cantar taciturno
bajo el techo de tiznados ranchos
mis canciones de amor y de protesta.
    Este es el camino de la vida,
    todo pasará, inexorablemente.
Pero algún día de primavera
cuando me sienta solo y triste,
saldré al jardín del recuerdo
a deshojar blancas margaritas
y entonces diré como poeta
mil versos de amor y de amargura
mientras por el cielo en penumbra
veré pasar con ritmado vuelo
el ave luz de mis ilusiones
y el pájaro loco del recuerdo.

EVERYTHING WILL PASS

In my absence, I feel in my heart
that the days will pass like dried leaves
swept by the strong wind.
In my gray and clouded sky
great stars will grow dim
and I'll never again see those flowers
I once contemplated sleepwalking,
nor will I, silent,
under the roofs of soot-blackened huts
sing my songs of love and protest.
   This is the way of life,
    everything passes, inexorably.
But one spring day,
feeling sad and alone,
I'll step into the garden of memory,
and pluck white daisy petals
and speak like a poet
the thousand verses of love and bitterness
while in the darkened sky
I'll see passing in rhythmic flight
the bright bird of my illusions
and the crazy bird of memory.

RASCACIELOS

Nueva York, ciudad luminosa,
con altos rascacielos que le puyan,
puyan el ombligo al cielo,
y como larga jeringa el Empire State
le inyecta al cielo plomizo
las aspiraciones de los gringos
de ser "todopoderosos"
con el solo hecho de estornudar
o aporrear árboles alrededor del mundo.
Por dos dólares se sube al mirador
del World Trade Center gemelo,
que cual ciclópeo pilastrón del tiempo
atrae curiosos a su cima
y regala visiones magníficas al poeta.
Desde arriba, a grandísima altura
me siento un cosmonautaMaya
al estar ahora más alto que mis sueños.
De niño, sufría vértigos al treparme a un árbol
de mango y ver hacia abajo, con espanto,
los rascasuelos de mi aldea.
Rascacielos y rascasuelos
tienen importantes cosas en común
y sobre todo, el mismo oficio de rascar,
pero el uno arriba y el otro abajo.
Desde el World Trade Center
los otros rascacielos son minúsculos.
Mentira! diría mi incrédula abuela
si yo tratara de explicarle,
ella no conoce lo que es un rascacielos
ni conoce lo que es una ciudad,
pero yo digo la verdad;
por media hora tuve Manhattan a mis pies.
En un momento creí estar soñando
y me hice la pregunta metafísica:
¿Soy yo, o no soy?
"Sí, vos sos en persona, el mismo de siempre,"

SKYSCRAPER

New York, luminous city
with tall skyscrapers that stab,
stab at the navel of the sky.
Like a giant hypodermic, The Empire State
injects the leaden sky
with the gringo's lust
to be "all powerful"
as effortlessly as sneezing
or trashing trees around the globe.
For two dollars you climb to the parapet
of The World Trade Center, cyclopean
twin towers of time
which attract gawkers to their crest
and reward poets with grand vistas.
From the top, at the vertiginous height
I become a Mayan cosmonaut
soaring high above my dreams.
As a boy I suffered vertigo
climbing up a mango tree
gazing giddily down
at the groundscrapers of my village.
Skyscrapers and groundscrapers
have important things in common,
above all the job of scraping,
one high above and the other below.
From The World Trade Center
the other skyscrapers appear minuscule.
It's a lie! my incredulous grandmother
would say, if I tried to explain;
she doesn't know what a skyscraper is,
nor a city for that matter;
but I'm telling the truth:
for half an hour I had Manhattan at my feet.
For one moment I thought myself in a dream
and asked the metaphysical question:
Am I, or am I not?
"Yes, it's you in person. The very same,"

interpretó mi duda un latinoamericano
bigotudo y encorvado que miraba sorprendido
el ingenio maravilloso del ser humano.
"Esta es la torre de Babel" dijo,
"donde las lenguas se confunden como chirmol
y Nueva York es la miscelánea de las culturas."
Yo creí en sus palabras visionarias
y me sentí como un príncipe en Tikal
montado sobre esta torre millonaria.
Abrí entonces mis telescópicos ojos y miré
hacia el norte: el Hudson River,
el Empire State, la Fifth Avenue.
Hacia el este: el Manhattan Bridge,
el East River, Brooklyn Bridge.
Hacia el sur: la Bahía de Nueva York,
la Estatua de la Libertad y New Jersey.
Hacia el occidente: sigue el Hudson River,
Hoboken, barcos, lanchas y muelles.
Visto todo con voracidad apasionante
bajé poco a poco hasta enpequeñecerme
bajo la helada sombra de los rascacielos,
y luego desaparecí del mundo superficial
hasta sumergirme en el *Subway*
donde comencé a ensayar mi inglés
deletreando con mucho interés
palabras pintarrajeadas en el metro:
LOVE, NO WAR, PEACE and *FUUUUCKK...*
el tren desapareció velozmente
en las entrañas de la tierra.

observed a whiskered, hunched-over Latin American
calming my doubts as he contemplated
the marvelous invention of human beings.
"This is the Tower of Babel," he said
"where tongues are scrambled like chirmol,
and New York is the melting pot of cultures."
I believed the visionary's words
and felt like a prince of Tikal
straddling this millionaire tower.
Widening my telescopic eyes I turned
north to the Hudson River,
The Empire State, Fifth Avenue.
To the east: The Manhattan Bridge,
The East River, The Brooklyn Bridge.
To the south: New York Bay,
The Statue of Liberty and New Jersey.
To the west: more of The Hudson River,
Hoboken, ships, tugs and wharves.
Having taken it all in with impassioned greed,
I descended slowly until I shrank
under the frigid shadow of the skyscrapers.
I then vanished from the surface world
and submerged myself in the subway
where I tried out my English,
spelling out with renewed zeal
the words sprayed on the subway:
LOVE, NO WAR, PEACE and FUUUUCK...
The train disappeared swiftly
into the bowels of the earth.

CURBSTONE PRESS, INC.
is a non-profit publishing house dedicated to literature
that reflects a commitment to social change, with an emphasis
on contemporary writing from Latin America and Latino
communities in the United States. Curbstone presents writers who
give voice to the unheard in a language that goes beyond
denunciation to celebrate, honor and teach. Curbstone builds
bridges between its writers and the public – from inner-city to
rural areas, colleges to community centers, children to adults.
Curbstone seeks out the highest aesthetic expression of the
dedication to human rights and intercultural understanding:
poetry, testimonials, novels, stories, photography.

This mission requires more than just producing books.
It requires ensuring that as many people as possible know about
these books and read them. To achieve this, a large portion of
Curbstone's schedule is dedicated to arranging tours and programs
for its authors, working with public school and university teachers
to enrich curricula, reaching out to underserved audiences by
donating books and conducting readings and community programs,
and promoting discussion in the media. It is only through these
combined efforts that literature can truly make a difference.

Curbstone Press, like all non-profit presses, depends on
the support of individuals, foundations, and government agencies
to bring you, the reader, works of literary merit and social
significance which might not find a place in profit-driven publishing
channels. Our sincere thanks to the many individuals who support
this endeavor and to the following foundations and government
agencies: ADCO Foundation, J. Walton Bissell Foundation, Inc.,
Witter Bynner Foundation for Poetry, Inc., Connecticut
Commission on the Arts, Connecticut Arts Endowment Fund,
Lannan Foundation, LEF Foundation, Lila Wallace-Reader's Digest
Fund, The Andrew W. Mellon Foundation, National Endowment
for the Arts, and The Plumsock Fund.

Please support Curbstone's efforts to present
the diverse voices and views that make our culture richer.
Tax-deductible donations can be made to
Curbstone Press, 321 Jackson Street, Willimantic, CT 06226.

RELATED TITLES ABOUT GUATEMALA AVAILABLE FROM CURBSTONE PRESS

THE BIRD WHO CLEANS THE WORLD and other Mayan Fables by Victor Montejo; translated by Wallace Kaufman. This collection of Mayan fables presents an enjoyable introduction to this part of Mayan tradition and addresses the need to keep these traditions alive in spite of Guatemala's governmental pressure to the contrary. $22.95cl. 0-915306-93-X

TESTIMONY: Death of a Guatemalan Village by Victor Montejo; trans. by Victor Perera. *Testimony* gives an eyewitness account by a Mayan school teacher of an army attack on a Guatemalan village and its aftermath, told in a clean and direct prose style. $16.95cl. 0-915306-61-1; $8.95pa. 0-915306-65-4.

AFTER THE BOMBS, a novel by Arturo Arias, translated by Asa Zatz. A lyrical documentation of the 1954 coup in Guatemala, with zany humor and harsh insights into repression. $19.95cl. 0-915306-88-3 $10.95pa. 0-915306-89-1

FOR A CATALOG, SEND A REQUEST TO:
Curbstone Press, 321 Jackson St., Willimantic, CT 06226